A Duck in the Muck

by Spencer Brinker

Consultant:
Beth Gambro
Reading Specialist
Yorkville, Illinois

Contents

A Duck in the Muck **2**

Key Words in the *-uck* Family 16

Index. 16

About the Author 16

BEARPORT PUBLISHING

New York, New York

A Duck in the Muck

Ann drove a **truck**.

It got **stuck** in the **muck**.

In the **muck** was a small, yellow **duck**.

Next to the **duck** was a black hockey **puck**.

Smelling the **puck** was a big brown **buck**.

On top of the **buck**, a chicken started to **cluck**.

Ann looked at the **muck** with the **duck**, **puck**, and **buck**.

She said to herself,
"Today, I have no **luck**!"

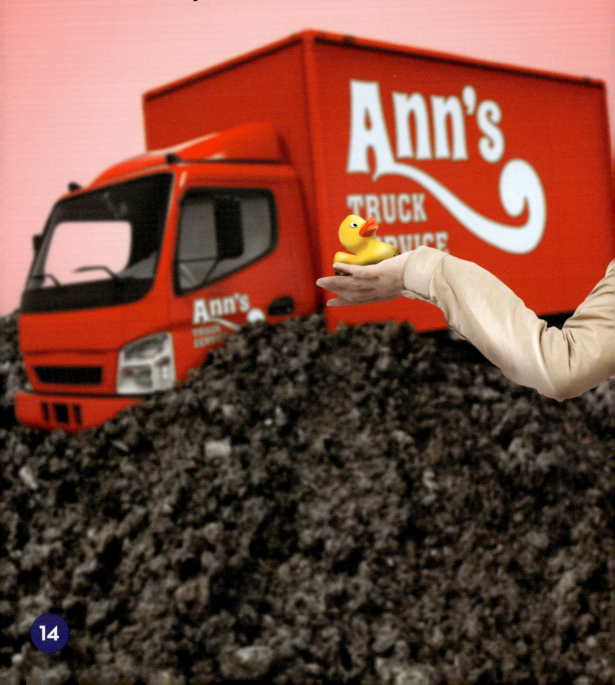

Key Words in the -uck Family

buck

cluck

duck

muck

puck

stuck

truck

Other **-uck** Words: **chuck, pluck, tuck, yuck**

Index

buck 8-9, 10-11, 12-13

cluck 11

duck 4-5, 6-7, 12

muck 3, 4-5, 12

puck 7, 8-9, 12

stuck 3

truck 2-3

About the Author

Spencer Brinker loves to tell "dad jokes" and play word games with his twin girls.

16